LA

NOBLESSE FLAMANDE

DE FRANCE

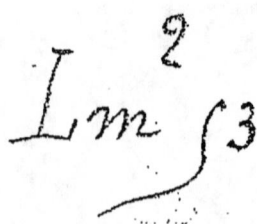

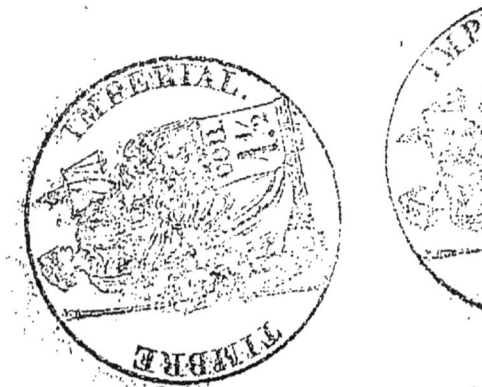

LA
NOBLESSE FLAMANDE

DE FRANCE

En présence de l'article 259 du Code pénal

SUIVIE DE

L'ORIGINE DE L'ORTHOGRAPHE DES NOMS DE FAMILLE

DES FLAMANDS DE FRANCE

PAR

LOUIS DE BAECKER

PARIS
AUGUSTE AUBRY, LIBRAIRE ÉDITEUR
RUE DAUPHINE, N° 16

—

1859

LA

NOBLESSE FLAMANDE

DE FRANCE

En présence de l'article 259 du Code pénal

I

ORIGINE DE LA NOBLESSE

Arouet de Voltaire a eu beau dire dans son discours sur l'inégalité des conditions :

> Ce monde est un grand bal où des fous déguisés,
> Sous les risibles noms d'Éminence et d'Altesse,
> Pensent enfler leur être et hausser leur bassesse ;
> En vain des vanités l'appareil nous surprend :
> Les mortels sont égaux, leur masque est différent.

et ailleurs :

> ....Ce n'est point la naissance,
> C'est la seule vertu qui fait leur différence.

le bal dont parle M. de Voltaire dure encore, malgré la philosophie et les révolutions ; et rien n'annonce que sa fin soit prochaine. Pourquoi ? — « Parce que, comme l'a dit un écrivain de l'*En-*

cyclopédie, la société est un être positif, et qu'elle ne se gouverne que par des moyens adaptés à ses besoins. C'est à une législation sage à les connaître, à choisir ceux qui sont utiles, sans trop examiner s'ils sont toujours mathématiquement conséquents aux axiomes de la logique politique, dont le défaut est d'oublier que les hommes auront toujours des passions, des vices et des faiblesses, qu'au défaut de la raison il convient de balancer par des sentiments purement conventionnels (1) ».

« C'est avec des hochets que l'on mène les hommes, » répondit le premier Consul au conseiller d'État qui avait soutenu que les distinctions étaient les hochets de la monarchie. « Les Français ne sont point changés par dix ans de révolutions : ils n'ont qu'un sentiment, l'*honneur.* Il faut donc donner de l'aliment à ce sentiment-là ; il leur faut des distinctions (2) ». Cette réponse resta sans réplique.

En effet, les faits donnent bien souvent un démenti aux théories du philosophe ; et le philosophe

(1) *Encyclopédie,* 1786. Voir *Noblesse.*
(2) Projet de création de la Légion d'honneur, 29 floréal an X.

lui-même devenu homme d'État réalise rarement les idées qui l'ont séduit dans la solitude ou dans le silence du cabinet.

La tradition et l'histoire, qui recueillent les faits et les livrent à la mémoire des peuples, l'une avec les charmes de la poésie, l'autre avec le langage sévère de la vérité, nous montrent, à toutes les époques de la civilisation, les hommes séparés en deux grandes catégories : les maîtres et les serviteurs, c'est-à-dire, d'un côté ceux qui ont le pouvoir de commander ; de l'autre ceux qui ont l'obligation d'obéir.

Chez les anciens Germains, les personnes étaient divisées en libres et non libres. Les premières se partageaient encore en *iarls* (1), ou les puissants et les forts, nommés *œthel* chez les Franks et les peuplades de la basse Germanie (mot qu'on a employé au moyen âge comme synonyme d'*hœres*, et qu'on a traduit plus tard par *nobilis*, noble), puis en *karls*, ou paysans propriétaires des terres qu'ils cultivaient. Les personnes privées de la liberté étaient les *trœls* ou les serfs, les *liti, lètes, laeten*, les derniers dans la hiérarchie sociale.

(1) En Angleterre, le comte est encore nommé *earl*.

D'après une légende scandinave, conservée dans la *Rigsmaal-Saga*, c'est un fils de Woden, le dieu Heimdal, qui, sous le nom de Rig, a donné naissance aux trois classes de la société germanique.

Elles y figurent dans l'ordre suivant : d'abord le *trœl*, pauvrement vêtu, mangeant un pain lourd, glutineux et plein de son; ayant la peau des mains dure comme le cuir, les articulations calleuses, les doigts épais, le dos voûté, les talons protubérants, les bras brûlés par le soleil, le nez épaté; plantant des haies, fumant les champs, engraissant des porcs, fouillant la tourbe. Ensuite le *karl*, la barbe peignée, le front découvert, la taille serrée, un bijou au cou, le teint rouge et frais, les yeux brillants; domptant les taureaux, construisant des maisons, labourant les champs. Enfin le *iarl* : voici le passage du poëme qui lui est relatif; nous le rapportons d'après la traduction de M. de Ring :

« Rig alla de nouveau son droit chemin, et vint à une salle dont la porte, tournée au sud, était entr'ouverte et ornée de cercles brillants.

« Il entra. Le plancher était saupoudré. Les

deux époux, *Fader* et *Moder* (le père et la mère) étaient assis, se regardant et jouant avec leurs doigts.

« Les occupations du maître de la maison étaient de tordre la corde de boyau, de tendre l'arc et de monter des flèches, tandis que la maîtresse se regardait les mains, nivelait les plis de ses vêtements, éfaufilait ses manches.

« Une coiffe ornait sa tête ; un bijou pendait sur sa poitrine, et autour d'elle se gonflait la queue de son bleu vêtement. Ses bruns sourcils étaient plus brillants, sa gorge plus blanche, son cou plus diaphane que la neige la plus éclatante.

« Rig sut faire goûter au couple ses conseils. Il s'assit au milieu du banc, ayant à sa droite et à sa gauche les deux époux.

« Moder apporta, pour couvrir la table, une nappe façonnée, tissée du lin le plus brillant. Elle plaça avec grâce sur cette nappe du pain de froment blanc et frais.

« Puis elle y posa des plats cerclés d'argent, contenant du lard, du gibier et des oiseaux rôtis. Le vin remplissait les pots et les coupes précieuses. Ils burent et s'entretinrent jusqu'à ce que la nuit tomba. Alors Rig sut leur faire goûter ses conseils.

« Il se leva ; le lit était prêt. Il resta pendant trois nuits, puis prit congé, et marcha son droit chemin. Ensuite neuf lunes s'écoulèrent.

« Moder mit au monde un enfant qui fut lavé et caché dans des langes soyeux, et auquel fut donné le nom de *Iarl*. Ses boucles étaient blondes, ses joues brillantes, ses yeux vifs comme ceux des serpents guetteurs.

« Iarl grandit sous le portique. Il s'occupait à façonner le bouclier, à tordre la corde de boyau, à tendre l'arc, à ajuster les flèches, à lancer l'épieu, à brandir la fracca. Il montait les étalons, halait les chiens, tirait l'épée et franchissait les bras de mer à la nage.

« Rig alors vint de la forêt. Il lui apprit à connaître les runes, l'appela lui-même du nom de fils et le déclara l'héritier et le maître de toutes les terres odiales, de tous les châtels de ses ancêtres.

« Alors *Iarl* chevaucha par de sombres sentiers et par des monts escarpés jusqu'à ce qu'il fut devant un castel. Il brandit la lance et le bouclier, et donnant de l'éperon à son cheval, tira son épée.

La lutte s'engagea. Les prairies furent rougies ; l'ennemi fut vaincu et le pays conquis.

« Alors il fut maître et seigneur de dix-huit châtels. Il distribua son bien, donnant à chacun des bijoux, des joyaux, de sveltes coursiers. Les bagues, les éclats d'anneaux tombaient de ses mains.

« La noblesse alors, par d'humides chemins, se rendit à la demeure habitée par le Herse. La blanche et aimable Erna, à la taille élancée, vint à sa rencontre.

« Ils la demandèrent en mariage et la conduisirent au prince. Comme épouse de Iarl, elle entra dans son lit. Ils vécurent ensemble avec amour et perpétuèrent leur race jusqu'à un âge avancé. »

Ainsi, d'après les traditions germaniques, l'homme a commencé par être malheureux et souffrir ; il est condamné, comme dans la Genèse, à dévorer son pain à la sueur de son front ; mais il s'est émancipé par le travail, il est devenu possesseur du champ qu'il fumait ; puis, par son intelligence, il s'est élevé insensiblement au rang de noble et à la dignité de roi.

Du reste, chez les Germains, les serfs n'ont

jamais été traités, comme les esclaves chez les Romains, à l'égal des bêtes de somme. Ils n'étaient pas même soumis aux travaux de la domesticité ; ces soins incombaient à la mère de famille et aux enfants. Chaque serf avait au contraire son habitation et son ménage propre, qu'il administrait à sa guise, et il ne devait à son seigneur qu'une certaine quantité de blé, de bétail et d'habits, comme aujourd'hui le fermier qui paie son fermage en nature (TACIT., *de Germ.*, c. xxv).

Toutefois, le serf germain n'exerçait aucun des droits politiques ; ceci était le privilége des personnes libres. Elles seules pouvaient être propriétaires et assister aux assemblées de la nation. « Tout homme libre, dit Grimm, avait le droit de venger, avec le concours de sa famille et de ses serfs, les injures faites à sa personne, à son honneur et à son bien, s'il refusait le *wergheld* qui lui était offert par la loi. Mais le serf ne pouvait se défendre ni en justice ni par les armes. »

Cette distinction de droits caractérise parfaitement les deux grandes classes de la société germanique.

Chez les Francks, l'*ethel* ou l'*adel* avait toute

puissance sur son bien, sa famille et ses subordonnés, et cette puissance s'appelait *mundium*, *mundeburdium* (*mund* signifie *main* dans le sens de *pouvoir*, avoir sous la main, avoir en son pouvoir). Femmes, enfants, orphelins, mineurs, domestiques et serfs étaient sous la protection du mari, du père ou du plus proche parent du côté paternel, qu'on nommait *muntporo*, *muntherro*, *mombor*, *foremunt* ou tuteur. Ce tuteur était le chef de la famille et juge des actions de chacun de ses membres. En qualité de protecteur, le père de famille était nommé *war* ou *wer*, dont on a fait au moyen âge *wehrgeld*, l'argent qui défend, garantit, protége la vie d'un homme; *beer*, le *beer* de Flandre ou le compagnon du comte de Flandre, et *barus*, *baro*, baron, celui qui défend, protége.

Les droits de l'homme libre étaient tellement confondus avec la libre et légitime propriété d'un fonds de terre ou *alleu*, que cette propriété même fut nommée *ware*, *were*, *weire* (protection), et le propriétaire *waerd*, *weert*, (protecteur).

Le Frank libre, lorsqu'il prenait part aux délibérations des assemblées publiques, était nommé *rachimbourg*.

Le fils du Frank sortait de tutelle ou du *mundium* par la mort du père de famille, et quelquefois durant sa vie, si celui-ci avait déclaré au *mallum* ou plaid que son fils était digne d'être élevé au protectorat ou *weir*. Les filles étaient émancipées par le mariage, et les serfs par l'affranchissement. Le fils, une fois admis dans les assemblées de la nation, recevait de son père, du prince ou d'un de ses parents, le bouclier et la framée : c'était sa toge, le premier honneur de sa jeunesse, suivant l'expression de Tacite.

Ainsi, aussi loin que nous puissions voir dans le passé de la société germanique, nous apercevons une classe d'hommes qui jouissent de la plénitude de la liberté et de la puissance. Le point de départ de cette distinction sociale paraît être la valeur ou la vertu guerrière, et l'on comprendrait difficilement qu'il en fût autrement à une époque où la force seule crée le droit, où la liberté est son apanage et n'appartient qu'à quiconque peut la défendre (1).

Pour les auteurs du ixe siècle, cette classe pri-

---

(1) Guizot, *Essai sur l'histoire de France*, p. 126. Edit. Charp.

vilégiée constitue déjà une race noble et illustre. Eginard, dans la *Vie de Charlemagne*, dit qu'Ega, maire du palais de Neustrie, était d'une haute naissance, *genere claro oriundus;* Frédégaire, dans sa *Chronique*, ch. vc-vii : que les Franks élurent maire du palais Leudesius, homme noble, et que Pépin d'Héristal épousa une femme noble nommée Alphéide. Baluze a recueilli un capitulaire de Karle, fils de Louis II, où ce roi annonce qu'il lui a plu de prendre à femme une jeune fille de noble extraction, nommée Friderune, *nobili prosapiâ*. Grégoire de Tours rapporte, liv. VIII, ch. ix, un discours de Frédégonde, où la princesse rappelle que la guerre est, pour ceux qui y prennent part et leurs descendants, une source de noblesse, de considération et d'opulence. Ces passages ne prouvent-ils pas qu'au ixe siècle il existait déjà une noblesse légale, et qu'elle était héréditaire ?

Les guerriers qui s'attachaient à quelque chef intrépide et respecté portaient le nom de *gasal*, dont on a fait *vassallus*, vassal, mot qui a le sens de compagnon, *comes,* comte.

Cependant l'auteur de la *Brève généalogie*, insérée dans le *Corpus chronicorum Flandriæ*, I, p. 13, affirme que ce fut le comte Baudouin à la Belle-Barbe qui institua en Flandre des nobles et des chevaliers, et leur donna des domaines et des châteaux.

II.

CHEVALERIE. — ARMOIRIES. — ANOBLISSEMENTS

Les premiers noms de la chevalerie flamande de France dont l'histoire fasse mention sont : Albert, sire de Bailleul; Thémard de Bourbourg; Folcraf, châtelain de Bergues; Gautier, avoué de Bergues; Jean de Haverskerque; Franc d'Herzelle; Guillaume Morant d'Hondschoote; Raoul de Lederzelle; Guillaume de Lynde; Simon de Vignacourt, dont un des descendants est devenu comte de Flêtre; Gautier et Robert de Bambèque Baudouin de Bergues; Roland d'Hazebrouck Henri, châtelain de Bourbourg; Baudouin d'Haverskerque, Eustache de Lys. — Tous ces cheva liers prirent part aux croisades qui furent entreprises pour la délivrance du saint sépulcre. — Gautier de Morbèque assiste, en qualité de noble, à l'assemblée de Courtray, au mois de février 1297 ; les chevaliers Pierron li Backere, Gérard de Dunkerque, Soyer et Pierron de Bailleul, monseigneur d'Hondschoote et son frère, Michel de Coudekerque, Jean de Mersseman, se distinguent à la bataille des Éperons-d'Or, en 1302, où ils ont des chevaux tués sous eux.

L'équipement du chevalier consistait en un haubert, des chausses et un capuchon de mailles, des éperons sans molettes, un écu suspendu au cou par des lanières et couvert de lames de fer ou d'ivoire ; une épée, une hache, une lance et un heaume orné d'un timbre et de lambrequins ; une selle, des étriers de cuir et des caparaçons pour son cheval.

Le chevalier qui avait conduit des vassaux au combat les réunissait sous sa bannière ou pennon ; d'où ce titre de *banneret*.

Au XIIe siècle, les insignes et les diverses pièces de l'armure du chevalier, la bannière, le pennon, la cotte de mailles, l'écu, la selle et les capara-

çons sont décorés d'un blason. Il résulte, en effet, d'une discussion bien remarquable qui s'est engagée en 1849, devant l'Académie royale de Belgique, entre MM. de Ram, de Reiffenberg et Gachard, que ce n'est que de cette époque que le blason ou les armoiries datent en Flandre. Le président Fauchet et l'historiographe de Mezeray avaient déjà émis semblable opinion, mais sans preuves à l'appui, le premier lorsqu'il a dit :
« Les armoiries, voire les surnoms, ont été arrê-
« tez aux familles depuis trois ou quatre cents ans;
« et durant les voyages du Levant, afin que par
« les remarques des écus, côtes d'armes, housses,
« non-seulement la prouesse et générosité des an-
« ciens pèlerins se reconnût, mais encore que
« leurs successeurs fussent encouragés à montrer
« pareille valeur que leurs pères. » — Le second :
« Dans ces expéditions de la terre saincte, ceux
« qui avoient desjà de ces symboles se les rendi-
« rent plus propres ; et ceux qui n'en avoient
« point en choisirent, tant pour se faire remar-
« quer dans les combats (leur armure de teste
« empeschant qu'on ne connust leur visage) que
« pour estre distinguez des autres ; et aussi afin

« que ces armoiries leur servissent comme de
« surnoms, car alors il n'y en avoit point encore
« ou fort peu.

« Les uns donc, pour marquer comme ils s'es-
« toient croisez, prirent des croix dans leurs
« armes, dont il y en a une infinité de sortes; les
« autres pour monstrer qu'ils avoient fait le voyage
« de Levant et passé la mer prirent des besants,
« des lyons, des léopards, des coquilles. Les autres
« formèrent leurs armoiries de la doubleure de
« leurs manteaux, selon qu'elle estoit eschiquetée,
« vairée, papelonnée, mouchetée, diaprée, ondée,
« fascée, palée, gyronnée, lozangée. Il y en eut
« qui aymèrent mieux charger leur escu de quel-
« que pièce d'armure, comme sont les esperons,
« les fers de lance, les maillets, les espées. Plu-
« sieurs prirent des choses qui avoient rapport
« aux surnoms, ou plustost sobriquets qu'on leur
« donnoit, ou bien à leurs terres, à ce qu'elles
« produisoient, à la situation ou autre particularité
« de leurs chasteaux, aux charges qu'ils exer-
« çoient. Il y en eut qui choisirent de celles qui
« conservoient la mémoire de quelque beau fait
« d'armes, ou de quelque adventure singulière

« arrivée à eux ou aux leurs. Et d'autres enfin
« en voulurent qui marquassent leur inclina-
« tion. »

Mais il y a plus, l'origine du blason est toute germanique, comme celle de la féodalité. J'en trouve la preuve dans les diverses parties du blason ; car les choses, les institutions aussi bien que les machines de l'industrie, reçoivent leur nom de la langue du pays où elles ont pris naissance. Et d'abord, le mot *blason* lui-même n'est-il pas germanique de l'aveu de tous les étymologistes? Seulement les uns l'ont traduit par « devise, » les autres par « sonner du cor. » — « Cette opinion paraît la plus vraisemblable, dit M. Gourdon de Genouillac, dans sa *Grammaire héraldique ;* car c'était autrefois la coutume, lorsqu'un chevalier se présentait pour entrer en lice dans un tournoi, de sonner de la trompe, puis ensuite d'expliquer ses armoiries ; ces fonctions étant remplies par des hérauts d'armes, on a aussi donné au blason le nom de science héraldique. » Mais, à l'époque des tournois, la chevalerie était déjà constituée, organisée, et l'explication des armoiries par des hérauts d'armes suppose chez eux la connaissance du blason. Le blason a donc une existence antérieure à ces fêtes et à ces personnages qui y jouaient le rôle secondaire de figurants. Aussi un publiciste moderne a-t-il pu dire avec raison : « Le blason s'est créé dans toute l'Europe comme les cristallisations naissent dans les roches, comme l'arbre se développe avec les années, c'est-à-dire instinctivement; et quand on a voulu raisonner sur lui, quand on a voulu en donner la théorie, il s'est trouvé tout fait. » M. Menzel, à qui ces lignes sont empruntées, ajoute : « S'il faut rejeter l'opinion de Menestrier lorsqu'il fait venir *blason* de *blasen*, puisque enfin le blason n'est pas l'art de sonner du cor, nous n'avons pas encore trouvé d'étymologie convenable pour remplacer celle-ci. Il est propable, cependant, qu'il faut rapporter le mot *blason* au bas latin *blasus* (arme), et au mot germanique *blatt*, en anglais *blade*, qui signifient, le premier, une *feuille* ou une *lame*, et le second, une *arme*, par extension. Le mot français *blesser* paraît être de la même famille. Dans son *Traité de la Science héraldique*, publié à Nuremberg en 1778, l'écrivain allemand, Jean-Paul Reinhard, propose de dériver

« blason » de l'ancien mot germanique *blase,* signifiant un signe. Mais nous ignorons si ce mot est authentique. »

Qu'on nous permette d'essayer à notre tour d'en rechercher l'étymologie. Si l'on admet avec Mézeray que des chevaliers ont formé leurs armoiries en recouvrant leur écu, soit de la doublure de leurs manteaux, laquelle était échiquetée, vairée, papelonnée; soit de quelque pièce d'armures, telle qu'éperons, fers de lance, maillets, épées, etc., n'est-il pas naturel que cette action si simple de couvrir son écu de lambeaux d'étoffe ou de lames d'un métal quelconque, indique le sens dans lequel il faut interpréter le mot « blason » ? Les langues allemande et hollandaise nous fournissent, l'une, l'expression *blatzen;* l'autre, celle de *pletzen*. Ces deux mots signifient dans les deux langues : couvrir ou fixer au moyen de la couture un morceau de drap sur un autre : par extension *coudre*. Ils dérivent de l'ancien allemand *flezzi* qui a la même signification. Enfin, dans les *Harmonies* du poëte Tatien, on lit ce vers :

Blezza niuues duoches,

c'est-à-dire, couvrir de nouveaux draps. Ce vieux

terme *flezzi* ou *blezza* serait donc celui d'où descendrait le mot « blason ».

Continuons. Heaume dérive de *helm*, que l'on rencontre dans toutes les langues de souche germanique ; haubert de *halsberg* (de *hals*, col, et *bergen*, protéger, cacher) ; lambrequins de *lampers*, qui signifiait, dans le langage flamand du moyen âge, un vêtement de drap servant de couvre-chef, un voile, un chaperon. Ce vêtement flottait sur le dos du chevalier lorsqu'il portait le heaume (la désinence *quin* est un diminutif, comme dans *bouquin*, petit livre) ; chausses vient de *hosa, husse, hos, kouss*, etc.

Les emblèmes qui distinguaient les chevaliers dans le feu des batailles ont été conservés par leurs descendants comme de glorieux souvenirs, et leurs familles s'en sont parées dans la suite comme pour prouver leur filiation. Aussi a-t-on conclu de là que les armoiries étaient un des caractères distinctifs de la noblesse. Cependant, dès le moyen âge, des artisans ont adopté ces signes ; et, sous Louis XIV, le droit de les porter a été reconnu à tous les bourgeois et gens de métier.

La plus belle période de l'existence de la noblesse a été sans contredit celle de la chevalerie; car alors la noblesse était la personnification du désintéressement et de l'abnégation ; elle n'ambitionnait que l'*honneur* de courir la première au-devant du danger et de se dévouer pour le salut de la patrie. Nous pensons que cette race de chevaliers est éteinte, qu'elle n'a pas laissé de descendants parmi nous.

Depuis, la noblesse a recherché les *honneurs*, et les souverains ont profité de cet affaissement des mœurs antiques pour conférer des titres nobiliaires. Ils les rendirent accessibles à tous les membres de la nation, et Philippe le Hardi donna le premier l'exemple de cette extension, en déclarant nobles son argentier et son orfévre. Mais, aux termes d'un arrêt du parlement de Paris, de l'an 1280, le comte de Flandre ne pouvait anoblir sans le consentement du roi de France.

Sous les successeurs de Philippe III, les anoblissements devinrent plus fréquents; ils ne furent même pas toujours motivés sur les services exceptionnels rendus par ceux qui les obtenaient. Philippe de Valois en accorda moyennant finances. En 1354, Jean de Rheims paya trente écus d'or pour ses lettres patentes; un autre, en 1355, en paya quatre-vingts. Charles IX créa douze nobles en 1564, et trente autres en 1568. Henri III en créa mille en 1576. « C'est que les divers besoins de l'État, dit un publiciste, ont réduit les ministres à chercher des ressources dans l'avidité que les hommes ont pour les honneurs. Il y a même eu des édits qui ont obligé des gens riches et aisés de prendre des lettres de *noblesse* moyennant finances; de ce nombre fut Ricard Graindorge, fameux marchand de bœufs du pays d'Auge en Normandie, qui fut obligé, en 1577, d'accepter des lettres de *noblesse*, pour lesquelles on lui fit payer trente mille livres. La Roque, en son *Traité de la Noblesse*, ch. xxi, dit en avoir vu les contraintes entre les mains de Charles Graindorge, sieur du Rocher, son petit-fils. »

Ce n'est pas tout; la noblesse a été quelquefois le prix de l'assassinat. Philippe II, roi d'Espagne et souverain des Pays-Bas, n'a-t-il pas promis d'anoblir et d'enrichir le misérable qui tuerait le prince d'Orange? Si une telle faute peut être atténuée aux yeux de la postérité, c'est qu'elle a été commise dans un moment de surexcitation des passions politiques, à une époque de révolutions et de violences. Mais de pareils anoblissements sont rares dans l'histoire, et le peuple eut encore de l'admiration pour la noblesse en voyant monter à l'échafaud les comtes de Hornes et d'Egmont !

III

LEGISLATION SUR LA NOBLESSE

Dans ces jours orageux, l'usurpation des titres nobiliaires était devenue facile. Philippe II voulut les faire respecter par son édit du 23 septembre 1595, daté de Saint-Laurent-le-Royal en Castille, et dont la traduction suit :

« Comme il convient, dit le prince, que chacun se conduise et se comporte suivant son état, condition, rang et qualité, sans en sortir ni prendre ou usurper un nom, rang, titres ou signes quelconques de noblesse qui ne lui appartiennent pas ; et comme nous sommes informé que beaucoup de nos sujets des Pays-Bas, et principalement de notre comté de Bourgogne, s'arrogent le titre de bannerets, comme s'ils possédaient terre ou seigneurie érigée par nous ou nos prédécesseurs en semblable dignité; d'où il résulte grande confusion et désordre,

« Faisons savoir que nous n'avons rien plus à cœur que de tenir la main à toutes choses pour le bien et le soulagement de nos sujets et vassaux, et qu'après mûre réflexion et de l'avis de feu notre frère, neveu et cousin bien-aimé l'archiduc Ernest, voulant couper le mal dans sa racine, nous avons de notre pleine puissance et souveraine autorité ordonné et ordonnons :

« Premièrement, que dorénavant personne de nos sujets, si ce n'est ceux qui sont d'ancienne et noble race, ou qui descendent en ligne directe et masculine de parents honorés par nous ou nos prédécesseurs de lettres patentes d'anoblissement, ou qui aient vécu notoirement comme gens nobles, personne ne pourra prendre ni s'arroger les titres, noms et qualités d'écuyer, gentilhomme ou homme noble, ni porter publiquement ni en particulier, des armoiries timbrées sur des cachets, scels, tapisseries, tableaux ou tout autre objet, sous peine d'être condamné par les juges compétents à une amende arbitraire, et de voir ces emblèmes grattés, effacés ou confisqués.

« Défendons pareillement et expressément à tous nos vassaux, de quelque état ou qualité qu'ils soient, de prendre et de se donner ou de donner à autrui, soit verbalement, soit par écrit, le titre de baron ou tout autre titre, à moins qu'ils ne prouvent par lettres patentes délivrées par nous ou nos prédécesseurs que les terres, fiefs et seigneuries qu'ils possèdent dans nos Pays-Bas et notre comté de Bourgogne ne leur en donnent le droit. Toutefois, s'il est notoire qu'une terre ou fief a été érigée en baronnie, ou tenue pour telle de temps immémorial, mais que les lettres d'érection en soient égarées ou perdues pendant la guerre ou tout autre événement, nous autorisons les détenteurs de ces terres à se retirer vers nous pour obtenir lettres de confirmation.

« Défendons aussi expressément à nos susdits vassaux, de quelque qualité, état ou condition qu'ils soient, de se nommer ou se laisser nommer ou qualifier de chevaliers verbalement ou par écrit, et à leurs femmes de se laisser donner le titre de *ma-dame* (me-vrouwe), à moins qu'ils ne prouvent qu'ils ont été créés et reconnus tels par nous ou nos prédécesseurs.

« Et comme plusieurs de nos sujets s'adressent souvent à des princes étrangers pour en obtenir anoblissement ou octroi d'armoiries, et ce au préjudice de nos droits et de nos finances, nous déclarons que personne dans les Pays-Bas ni en Bourgogne ne pourra se prévaloir de ces anoblissements ni de ces armoiries.

« Et parce qu'il est venu à notre connaissance que les bâtards portent les noms et les armes légitimes des familles, comme s'ils en étaient des fils légitimes, et ce sans aucune distinction ni signe apparent de bâtardise, nous voulons et ordonnons, pour empêcher pareille irrégularité, que les armoiries des bâtards portent à l'avenir une barre ou tout autre signe apparent pour distinguer à toujours leur bâtardise de la famille légitime. »

Malgré cet édit, les usurpations de titres nobiliaires continuèrent, et Albert et Isabelle, gouverneurs des Pays-Bas, durent renouveler les défenses de Philippe II. Ils statuèrent le 14 décembre 1616 :

« 1° Ceux qui sont issus d'ancienne et noble race, ou bien dont le père et le grand-père ont vécu publiquement comme nobles et ont été tenus pour tels ; les personnes ou leurs ascendants dans la ligne paternelle, qui ont été élevés par nous ou nos prédécesseurs au rang de la noblesse en vertu de lettres patentes ; ou ceux qui à cause de leurs charges, fonctions ou offices, ou qui par droit d'hérédité dans la ligne paternelle sont considérés comme nobles, pourront, seuls et à l'exclusion de tous autres, prendre et s'arroger la qualité d'écuyer, gentilhomme et homme noble, ou un titre de noblesse équivalent, et porter en public ou en particulier des armoiries timbrées sur leurs cachets, scels, tapisseries ou ailleurs, et dans certaines circonstances avoir dans les cérémonies publiques les honneurs réservés à la noblesse. Les contrevenants auront leurs armoiries brisées, grattées, effacées, et seront en outre condamnés pour chaque contravention à une amende de cinquante florins.

« 2° Nous défendons à tous nos sujets et habitants des pays de notre obéissance, de quelque qualité ou condition qu'ils soient, de prendre et porter un nom ou des armoiries d'une maison noble à laquelle ils n'appartiennent pas, quoique la branche masculine soit entièrement éteinte ; à l'exception toutefois des nobles auxquels ce droit aurait été conféré en vertu d'un acte d'adoption, de mariage, de testament ou de tout autre disposition, par ceux qui avaient pouvoir et qualité à cet effet, ou bien par nous, en vertu de lettres patentes duement enregistrées ; à peine pour les contrevenants de payer une amende de cent florins, outre les réparations civiles.

« 3° Interdisons et défendons à tous et à chacun de modifier ou changer l'ordre de ses quartiers dans les généalogies, sur les tombeaux, épitaphes, vitraux et ailleurs, ou d'y ajouter des quartiers d'autres maisons, sous peine, pour le contrevenant, d'une amende de cinquante florins, et de voir les fausses armoiries brisées et grattées.

« 4° Quant à ceux qui ont acquis ou qui acquerront à l'avenir, par succession, testament, donation, contrat de mariage, vente ou par toute autre manière, des terres, seigneurie ou fief dont le nom soit celui d'une famille noble, ils ne pourront en porter eux-mêmes le nom ni les armes comme étant le nom et les armes de leur propre famille. Mais ils pourront se qualifier seigneurs de tels lieux, à la suite de leurs propres noms et prénoms. Et si lesdites terres venaient à être érigées en baronnie, vicomté, comté, marquisat, principauté ou duché, et échéaient aux mains de gens non nobles ou n'ayant aucune qualité correspondante à ces titres, ils ne pourront prendre les titres de ces terres, et celles-ci retourneront à nos domaines.

« 5° Afin d'empêcher tout désaccord qui pourrait surgir relativement au droit d'aînesse et au port d'armes pleines (comme cela s'est vu souvent par le passé), nous voulons et ordonnons que les puînés, dans les familles, et même les aînés, du vivant de leur père, chargent leurs armes d'une brisure ou lambel suivant coutume, et continuent de les porter ainsi brisées aussi longtemps que durera la branche aînée, afin de distinguer celle-ci de la branche des puînés, et ce à peine de cinquante florins d'amende. Sont exceptés de cette disposition nos duchés de Luxembourg et de Gueldre, où ces brisures ne sont pas usitées.

« 6° Ceux qui auront dérogé à leur noblesse par

l'exercice d'un métier, art mécanique ou profession vile, ne pourront jouir des avantages, honneurs et immunités attachés à la noblesse, tant qu'ils n'auront renoncé à cet exercice. Alors ils seront réhabilités par lettres patentes délivrées par nous et enregistrées dans les bureaux de nos officiers d'armes, à peine de cent florins d'amende, excepté dans les provinces où ce genre de réhabilitation n'est pas d'usage.

« 7° Interdisons et défendons à tous nos sujets, de quelque condition ou qualité qu'ils soient, de se donner ou donner à d'autres le titre de baron ou tout autre, de faire supporter leurs armes par des porte-bannières, ou les surmonter de couronnes, à moins qu'ils ne prouvent en due forme qu'ils en ont le droit, et que les terres qu'ils possèdent dans nos Pays-Bas ont été érigées en baronnies par lettres patentes délivrées par nous ou nos prédécesseurs; à peine pour chaque contrevenant de cinquante livres d'amende.

« 8° Nous défendons aussi à nos vassaux et sujets de se qualifier *chevaliers,* si ce titre ne leur a pas été octroyé par nous ou nos prédécesseurs; à peine de cent florins d'amende, et de voir ce titre biffé et effacé partout où il sera trouvé.

« 9° Comme beaucoup d'abus contre lesquels s'élève cette ordonnance proviennent de ce que des secrétaires, greffiers, notaires et autres officiers ont trop légèrement accordé des titres de noblesse à des personnes qui n'y avaient aucun droit, nous voulons que ces officiers publics qui les attribueront sciemment soient condamnés à cent francs d'amende.

« 10° Et parce que quelques-uns de nos sujets s'adressent à des princes étrangers pour obtenir des titres, priviléges et armes que leur refuse leur souverain légitime, et ce au préjudice de nos droits et de nos finances, nous déclarons que personne de nos vassaux ou sujets ne pourra se prévaloir de la chevalerie, de l'anoblissement ni des honneurs octroyés par des princes autres que nous et nos prédécesseurs, à peine de deux cents florins d'amende, et de voir leurs titres biffés et annulés par l'autorité publique.

« 11° Et comme quelques-uns, par ignorance ou par oubli, s'avisent de surmonter leurs armes d'un timbre posé de face, à la manière des princes souverains, ou d'un heaume entièrement doré, sans en avoir le droit, et de porter aussi des couronnes, sans qu'on puisse distinguer si elles appartiennent à des comtes, des marquis, princes ou ducs; de les porter même, ce qui est plus audacieux, ornées de fleurons comme celles des rois et des souverains, et tout cela à notre préjudice et à celui des autres princes, nous enjoignons à tous nos sujets, de quelque rang ou qualité qu'ils soient, de faire cesser ces abus dans l'espace de trois mois, sous peine, pour les contrevenants, d'être condamnés à trois cents florins d'amende.

« 12° Afin d'empêcher les bâtards et leurs descendants de porter les noms et armes des fils légitimes, et de s'immiscer par la suite dans les familles comme descendants légitimes, nous enjoignons aux bâtards et enfants naturels, même à ceux qui ont été légitimés par nos lettres patentes ou par celles de nos prédécesseurs, de mettre une marque très-apparente dans leurs armes, savoir : pour les bâtards et enfants illégitimes une barre, et, pour leurs descendants, une marque tout à fait distincte de celle des puînés de lit légitime, à peine de soixante florins d'amende.

« 13° Et pour empêcher à l'avenir les irrégularités qui pourraient se commettre à notre préjudice par la délivrance de nouvelles armoiries à des personnes nouvellement anoblies, ou à ceux qui désirent en avoir d'autres, parce que les registres d'armoiries auxquels on a ordinairement recours ne sont pas tenus comme ils doivent l'être, ce qui peut devenir une cause de difficultés, nous avons jugé convenable que notre premier roi d'armes et nos autres héraults, chacun dans sa province, renouvellassent les armoriaux, et que ceux de nos vassaux et sujets qui prétendent avoir droit à la noblesse leur communiquassent leurs armes timbrées exactement dessinées ou peintes, avec leur nom, prénoms et titres, s'ils en ont, et ceux de leurs père et mère, pour y être enregistrées et valoir ce que de droit.

« 14° Et comme par suite des guerres et de l'absence de nos prédécesseurs de ces provinces, des courriers et messagers de nos villes, châtellenies et seigneuries, et même des particuliers, se sont approprié les armoiries desdites villes et châtellenies qui les commissionnaient ou qu'ils habitaient, nous voulons que lesdits courriers et messagers portent ces armoiries suspendues au côté gauche au moyen de chaînettes, à peine de vingt florins d'amende.

« 15° Voulons et ordonnons en outre que toutes les lettres d'anoblissement ou de concession d'armoiries délivrées par nous ou qui le seront à l'avenir, soient, par les impétrants, présentées à nos héraults d'armes de leurs provinces respectives, pour être enregistrées dans les livres à ce destinés, et certifiées véritables. Pareil enregistrement aura lieu aux États d'Artois, pour ceux qui seront originaires ou habitants de cette province, à peine de privation du bénéfice desdites lettres (1). »

Ce document est très-important, non-seulement au point de vue historique, mais encore au point de vue du droit. Albert et Isabelle reconnaissent quatre catégories de noblesse :

1° Noblesse de sang ou d'ancienne race, dont l'origine se perd dans la nuit des temps ;

2° Noblesse de notoriété ou de possession, qui

---

(1) Par l'art. 28 de son édit du 11 décembre 1754, Marie-Thérèse défendit à toute femme de se qualifier « douairière, » si elle n'était veuve de *chevalier* ou descendante de titrés, ou tenus pour tels du chef de leurs offices.

devait être prouvée, et pour laquelle il fallait que le père et l'aïeul eussent été tenus pour nobles;

3° Noblesse concédée par lettres patentes émanées des souverains légitimes des Pays-Bas;

4° Enfin noblesse qui dérivait des charges et fonctions occupées par le père ou les aïeux.

Mais le temps a rudement éprouvé la noblesse flamande, et nous n'hésitons pas à dire que celle de la première et deuxième catégorie n'existe plus. En effet, le rédacteur du *Cahier des Doléances* du Tiers-État de la ville de Bergues écrivait déjà en 1789 : « Quant à la noblesse, elle n'a jamais « formé, en Flandre, en fait d'aides, subsides et « impositions, un ordre particulier ni séparé du « Tiers-État. Les nobles, contradicteurs avec les « notables de toutes branches d'administration « confiées aux chefs-colléges ou municipalités des « villes et des châtellenies, admis dans tous les « corps municipaux, participaient ainsi à l'admi- « nistration générale, et énonçaient un vœu com- « mun avec le Tiers-État. »

Restent ceux dont les aïeux ont été anoblis par lettres patentes des souverains, ou par leurs charges, fonctions ou offices.

En 1715, J. Leroux, roi d'armes, a publié les noms des Flamands de France qui ont été anoblis depuis 1424 à 1714, ce sont :

« Antoine Zegherscappel, écuier, bourgmaître et landthouder de la ville et châtellenie de Furnes, créé chevalier le 25 juillet 1618.

Antoine de Vignacourt, sieur d'Orton, créé chevalier le 20 avril 1593.

François de la Wœstine, seigneur de Bercelaere, créé chevalier le 23 octobre 1640.

Jacques Vandewalle de Dunkerque, fils de Jacques, créé chevalier le 27 février 1630, pour avoir armé et fourni plusieurs navires au Roi.

François Van Caloen, échevin du Franc, créé chevalier le 2 mars 1648.

Jean-Baptiste de Visch, époux de Marie Van den Broeck, créé chevalier le 5 février 1648.

Roland de Vicq, alfère au service du roi d'Espagne, chevalier le 15 septembre 1629,

Daniel Vernimmen, natif de la ville de Termonde, anobli le 20 mars 1706.

Lieven de Suutpeene, seigneur de Vische, chevalier le 2 novembre 1623.

Guillaume de Hardevust, anobli le 20 septembre 1623 ou 1613, moyennant finance taxée à 300 florins, payés à Jean de Seur, le 9 septembre 1624.

Jacques de Massiet, seigneur de Zudpeene, chevalier le 1ᵉʳ février 1600.

Victor Rape, seigneur de Steenbourg, échevin et bourgmaître de la ville de Bergues, chevalier le 12 novembre 1633.

François de Kerckhove, écuier, seigneur du Fael, ayant servi dans le régiment du comte Frédéric de Berges, et dans le magistrat de la ville de Cassel, chevalier le 20 octobre 1632.

Martin Snouckart, seigneur de Somerghem et de Schœbrouck, créé chevalier le 10 janvier 1633.

Jacques de Norman, seigneur d'Oxelaere, chevalier le 12 octobre 1630.

Philippe-Guillaume et Floris de Bacquelerot frères, anoblis le 4 août 1628.

Marc Stappens, receveur de la ville de Bergues, anobli le 20 août 1626, moyennant finances.

Jean de Northout, chevalier, capitaine de la ville de Dunkerque, conseiller et maître d'hôtel de la gouvernante des Pays-Bas, créé baron le 1ᵉʳ mars 1545.

François de Vulder, seigneur de Zyneghem, chevalier le 23 décembre 1642.

Pierre Immeloot, écuier, chevalier le 23 décembre 1642.

Pierre Bommaere, licencié ès lois, anobli le 3 décembre 1601.

Nicolas Imbert de la Phalecque, anobli moyennant finances, le 17 mars 1608, pour services rendus à la religion catholique.

Jacques de Bryarde, seigneur de Beauvoorde et Teteghem, chevalier le 29 septembre 1618.

Jean-Baptiste Bultéel, avoué de la ville d'Ypres, chevalier le 2 novembre 1622.

Jean Revel, à Ypres, a été réhabilité dans la noblesse le 26 mars 1628.

Roland van Zeller, du pays de Gueldres, obtint réhabilitation de noblesse le 20 janvier 1702.

Gabriel de Meester, licencié ès lois, bailli général des villes et comté d'Estaires; Nicolas de Meester, receveur de la ville et châtellenie de Bailleul; Louis de Meester, bailli d'Etaires et de la baronnie d'Haverskerque, tous anoblis le 24 mars 1643.

Pierre Guislain de Piermont, seigneur de Coudecasteel, chevalier le 3 mars 1649.

Edouard de Steenbecque, chevalier le 16 juillet 1642.

Pierre de Keerle, licencié ès lois, anobli le 31 janvier 1645.

Georges de Thiennes, seigneur de Berthen, créé marquis le 19 juin 1660.

Cornil Spanoghe, protonotaire apostolique, a été anobli le 22 juin 1526, et ses descendants réhabilités dans la noblesse le 18 novembre 1672.

Jean Bart, chef d'escadre, anobli par Louis XIV, le 4 août 1694. »

Les charges et fonctions publiques qui conféraient la noblesse étaient :

1° Celles de grands officiers de la couronne, de secrétaires d'État, de conseillers d'État, de magistrats de cours souveraines, de trésoriers, de secrétaires des princes, de chambellans, etc.;

2° Celles de membres des cours de justice, présidiaux, bailliages, cours féodales, et d'officiers de justice à tous les degrés de la hiérarchie judiciaire;

3° Le grade d'officier dans les armées du souverain;

4° La cléricature ;

5° L'échevinage, la députation aux États, la mairie et autres charges municipales, même celles de greffier, bailli, trésorier des communes (1) ;

6° Enfin les lettres et les sciences étaient aussi une source de noblesse (2). Les médecins, les avocats, les professeurs, les hommes de lettres, les procureurs, etc., étaient considérés comme nobles. Les professeurs-docteurs en droit pouvaient, après vingt ans d'exercice, prendre le titre de *comte*. Qu'on ne s'étonne pas de cela! En Chine, la première noblesse du pays était la noblesse littéraire.

Une autre observation qui résulte de l'édit de 1616, c'est que les nobles avaient seuls le droit de porter des armoiries timbrées ; mais tout le monde pouvait en avoir de non timbrées, c'est-à-dire non surmontées d'un heaume ou d'une couronne. « Les armoiries, dit M. Borel d'Haute-« rive dans son édition de l'*Armorial de Flandre,* « ne furent pas le privilége exclusif de ceux qui « étaient gentilshommes ; mais elles annonçaient

---

(1) Ce point est reconnu implicitement par M. Bertin, ministre d'État de Louis XVI, dans sa lettre du 28 juin 1783 à Denis-Joseph Godefroy. Voir *Analectes* de M. LE GLAY, 1833.

(2) Lettres patentes du 16 décembre 1772.

« au moins une bonne bourgeoisie, qui touchait à
« la noblesse par plus d'un point de contact. »
Louis XIV, en créant une grande-maîtrise héraldique, a déclaré, dans son ordonnance de 1696,
que les brevets ou lettres d'armoiries ne pouvaient
en aucun cas *estre tirées à conséquence pour
preuve de noblesse*. Aussi, moyennant un droit de
vingt livres, tout bourgeois, marchand, avocat
ou médecin pouvait avoir ses armoiries « mises
« aux bâtiments, édifices, tombeaux, chapelles,
« vîtres, tableaux, images, ornements et autres
« meubles, et portées par sa veuve et ses enfants
« après sa mort. »

Ce serait une étude bien curieuse que celle des
blasons de nos pères, de cette langue qui s'est conservée dans sa pureté depuis des siècles, mais inconnue et oubliée aujourd'hui. C'est en effet un
sujet d'étonnement que de voir ces emblèmes,
vestiges d'un âge déjà loin de nous, résister aux
révolutions sociales de notre siècle, en présence
de ces familles nouvelles qui ont pour fondateurs
les membres les plus actifs, les plus industrieux,
les plus entreprenants des races plébéiennes. Un
écrivain moderne l'a dit :

« La puissance et le crédit moral des armoiries ne sont pas détruits parmi nous. Cependant la société ne se rattachant plus aujourd'hui aux vertus militaires qui ont fondé nos institutions, nées de la conquête, l'importance du blason devient surtout historique et perd son influence active. La distinction des races a pour rivale la distinction des individus. A côté de la gloire des familles et de leur éclat héréditaire, les travaux de chacun prennent place. Il faut qu'une nouvelle morale s'adapte à une nouvelle société, et son combat avec la moralité ancienne est un curieux phénomène. L'orgueil humain a trouvé son aliment dans les armoiries : il les soutient encore. C'est une grande question de savoir comment se terminera ce grand changement, et si l'époque pacifique aura son blason comme l'époque conquérante ? »

La loi du 4 août 1789 a bien aboli les priviléges attachés à l'ancienne noblesse ; mais, « quant aux titres et aux distinctions nobiliaires, fait observer M. le sénateur Delangle, personne ne songea à les abdiquer, personne ne voulut les détruire. La royauté était encore, dans la pensée de tous, la clef de voûte de l'édifice politique, et la pensée des novateurs les plus hardis de l'assemblée constituante, parmi ceux du moins qui osaient exprimer hautement leurs vœux secrets, n'allait pas au delà d'une imitation de la constitution anglaise. » Les titres nobiliaires ne furent supprimés que le 19 juin 1790 ; ce jour-là, l'assemblée nationale défendit que la qualification de prince, duc, comte, marquis, vicomte, vidame, baron, chevalier, messire, écuyer, gentilhomme, monseigneur, éminence, altesse ou grandeur, fût prise par qui que ce fût, à peine d'une amende égale à six fois la valeur de la contribution mobilière du délinquant.

Ces titres, à l'exception de ceux de marquis et de vidame, furent rétablis avec l'érection du gouvernement français en monarchie impériale. Par un décret du 1er mars 1808, l'empereur Napoléon Ier créa une nouvelle noblesse et en détermina la hiérarchie. La charte de 1814 a reconnu les nobles du nouveau et de l'ancien régime, et maintint les peines édictées par l'art. 259 du Code pénal contre les usurpateurs de titres. Une loi de 1832 abrogea ces pénalités, et un décret du 29 février 1848 proclama la déchéance de la noblesse elle-même. Mais le 24 janvier 1852, ce décret fut à son tour abrogé, et la loi du 28 mai 1858 rétablit, en le modifiant, l'ancien art. 259 du Code pénal, lequel porte aujourd'hui :

1° Qu'une amende de 500 fr. à 10,000 fr. sera prononcée contre quiconque, sans droit et en vue de s'attribuer une distinction honorifique, aura publiquement pris un titre, changé, altéré, modifié le nom que lui assignent les actes de l'état civil;

2° Que le tribunal ordonnera la mention du jugement en marge des actes authentiques ou des actes de l'état civil dans lesquels le titre aura été pris indûment ou le nom altéré, etc.

En vertu de ce texte législatif, les magistrats chargés de l'exécution des lois ont invité les officiers de l'état civil et tous les officiers ministériels à n'attribuer désormais aux parties, dans les actes, que les titres et les noms qu'elles justifieront être en droit de porter.

Comment faire cette justification? — Par les actes de l'état civil, comme le veut la loi. Mais la plupart des actes de l'état civil ne remontent pas, dans notre Flandre, au delà du xviie siècle, et jusqu'en 1789, ils étaient écrits en latin et rédigés par les curés des paroisses. J'ai remarqué que les personnes de qualité y étaient qualifiées de *Dominus, domina* (1), et les hommes de loi de *consnltissimus*. Comment traduire aujourd'hui ces qualifications? A quels titres modernes correspondent-elles? L'épithète *nobilis*, noble, accompagne certains noms; quelle a été la preuve de la noblesse? Les actes de naissance, mariage et décès étaient-ils toujours fidèlement et régulièrement rédigés? Il est permis d'en douter, avec les synodes d'Ypres et de Cambrai de 1577 et de 1763.

D'un autre côté, dès personnes qui, en vertu de leurs fonctions et de l'édit d'Albert et d'Isabelle, pouvaient porter le titre d'*écuier*, n'ont pas eu leurs noms inscrits dans les registres de la paroisse avec cette qualité. D'autres, possesseurs de fiefs, ayant par conséquent le droit d'ajouter à leur nom celui de leurs terres, ont négligé de le faire suivre de cette dernière dénomination. Sous la République et le Consulat, il n'était permis de prendre que le vrai nom de sa famille; toute distinction

(1) Jusqu'au XIIIe siècle, la qualification de *Domnucius* ou *Domnus* était réservée aux grands personnages, aux bienheureux ou aux ecclésiastiques (*Eléments de paléographie*, par DE WAILLY, t. Ier, p. 184).

nobiliaire était sévèrement défendue. Sous l'Empire et la Royauté, on peut avoir négligé de reprendre ses titres; enfin il est des personnes qui, voulant paraître favorables aux idées démocratiques, ont modifié leur nom en en retranchant la particule, ce qui a fait dire à l'illustre de Lamartine, parlant de Béranger : « Nous n'approuvons
« pas cette mode qui fait déroger le nom de fa-
« mille pour faire monter plus haut l'ambition, la
« puissance, la popularité de l'individu. Il faut,
« quand on est vraiment philosophe, vraiment ci-
« toyen, vraiment égalitaire, se résigner avec la
« même indifférence à sa noblesse ou à sa roture ;
« l'une ne dégrade pas plus que l'autre n'avilit le
« vrai grand homme. Roture ou noblesse ne sont
« ni des mérites ni des torts; ce sont des lots que
« nous avons reçus en naissant dans la loterie de
« la Providence. Il y a faiblesse à s'en glorifier,
« faiblesse à en rougir, faiblesse à les abdiquer.
« Béranger, quand il fut devenu ce qu'il devait
« être, un aussi grand cœur qu'il était un grand
« esprit, pensait exactement comme nous. »

Puisque l'art. 259 du Code pénal reconnaît et protége de nouveau les noms et les titres honorifiques de la noblesse, à la condition d'en justifier par la production des actes de l'état civil, à quelle espèce de preuves est-il permis d'avoir recours si les actes de l'état civil sont muets? — Ceux qui ont entre les mains des lettres d'anoblissement, délivrées régulièrement par les souverains du pays, possèdent à notre avis des documents irrécusables; ceux dont les titres nobiliaires dérivent des fonctions ou des services de leurs ancêtres auraient à prouver ces fonctions ou ces services. Suivant la Roque (*Traité de la Noblesse,* ch. LXIV), « les actes qui justifient la noblesse sont des actes authentiques, comme contrats de mariage, baptistaires, lots de partage de successions, testamens et autres actes publics qui font mention des filiations; on y ajoute les qualités tirées des fiefs possédés de race en race, et employées dans les contrats; les jugements rendus sur la condition; les inscriptions et épitaphes des lieux publics, et la continuation des armes semblables. La noblesse se vérifie encore par les dignités qui accompagnent notre vie, ou par la condition de nos ancêtres, en représentant les provisions et actes de réception dans les charges qu'ils ont exercées. Si ce sont charges militaires, on se sert des extraits de rôles, de montres et des comptes rendus à la chambre par les trésoriers ordinaires et extraordinaires des guerres, qui font mention des soldes ou appointements qu'on a reçus pour l'exercice de telles charges. On prouve aussi la noblesse par des actes de foi et hommage qu'on a rendus à cause des fiefs qu'on tient du roi ou autres seigneurs; enfin, par les histoires et chroniques qui rendent les prédécesseurs illustres à la postérité. »

Quant à ceux qui prétendraient avoir le droit d'ajouter un nom de fief à leur nom patronymique, en vertu des dispositions de l'art. 1er de l'édit de 1616, ils n'auraient, semble-t-il, qu'à établir la possession ou la propriété de ce fief. Cependant des arrêts ont distingué entre le fief dont la possession est antérieure à 1789 et celui qui a été acquis depuis cette époque. Dans ce dernier cas, une autorisation du gouvernement serait indispensable. Mais tout porte à croire qu'elle ne serait pas refusée, précisément parce que l'art. 259 du Code pénal a été promulgué pour consacrer le souvenir des services rendus au pays. Or, qu'est-ce qu'un fief? c'est une portion du domaine national concédée par le prince pour récompenser le dévouement à la patrie, ou bien à charge de services militaires et judiciaires. Porter le nom d'un fief est donc une manière de perpétuer le souvenir d'actions héroïques ou patriotiques; c'est, pour nous servir encore des expressions de M. Delangle, « rappeler ce qui met au cœur de l'homme la « force qui dompte les obstacles, ce qui lui inspire « l'ambition qui lui fait sacrifier sa vie au service « de son pays : ce n'est pas seulement cet orgueil « légitime qui limite à l'heure présente et à l'in- « dividu les joies du devoir accompli, et cette vo- « lupté du triomphe qui paie un effort généreux. »

Si nous savions l'histoire des fiefs, moins obscures seraient les origines de notre histoire nationale; mais c'est là aussi une de ces questions dont la solution présente, comme l'a dit M. le garde des sceaux, des difficultés dignes des méditations et des études des hommes d'État et des jurisconsultes.

DE L'ORIGINE ET DE L'ORTHOGRAPHE

DES

NOMS DE FAMILLE DES FLAMANDS DE FRANCE

---

§ I. DE L'ORIGINE.

On dit communément et l'on croit que les noms propres de famille n'ont pas d'orthographe, en d'autres termes, qu'il est permis d'écrire arbitrairement le nom qui distingue une personne, une famille, d'une autre personne, d'une autre famille.

Nous nous proposons de démontrer que cette opinion n'est pas fondée.

En effet, que fut d'abord le nom de l'homme? Charles Nodier, qui s'est posé cette question dans ses *Notions élémentaires de Linguistique*, la résout ainsi : « Le nom de l'homme fut d'abord le nom de la qualité physique ou morale, de la faculté, de l'aptitude, de l'emploi qui le distinguaient parmi les autres. C'est ainsi que se fait encore le sobriquet, qui est une tradition vivante du même usage.

« A la seconde, à la troisième génération, à l'extension de la famille, au développement de la tribu, il fallut compliquer le nom de race pour le rendre individuel. On l'accosta d'un nom d'alliance, d'un nom de patronage, d'un nom de résidence ou d'origine, du nom même de l'accident qui caractérisait l'homme dénommé, ou du fait qui le rendait remarquable entre ces cognominaux. On agit ainsi de temps immémorial dans toutes méthodes, car les hommes n'ont rien inventé de mieux.

« Dans la succession des temps, les noms devinrent très-rares et très-difficiles à trouver, et il y a une excellente raison pour cela : c'est que la multiplication des mots est bornée. Or, les hommes ne peuvent point faire de mots, et, s'ils pouvaient faire des mots, ils auraient certainement fait des noms propres.

« Ils n'en ont jamais fait un. Tous les noms propres sont des mots *réels* qui représentent une chose ou une idée.

« Que firent-ils alors? Ils recoururent au diminutif, à l'augmentatif, au mélioratif, au péjoratif, à l'extension, à la syncope, à la métathèse, à l'anagramme, à toutes les formes du cas, à toutes les combinaisons du nombre. Ils firent plus : ils laissèrent une ample carrière au caprice des orthographes, à la licence des traductions, au vague illimité des désinences. Je vous offre le nom de Jean au hasard, et je me tiens pour assuré de lui trouver deux cents dérivés authentiques dans l'état civil.

« Ce n'est pas tout. Les langues n'eurent pas un adjectif, pas un verbe, pas un participe, quand la première source du nom fut épuisée. Tout ce que l'homme pouvait faire de mots, il l'a prodigué sur le nom de l'homme. »

Nous avons reproduit ce passage en entier, parce qu'il expose clairement les principes de la matière dont nous avons à nous occuper.

Le nom de l'homme, désignant à l'origine la qualité physique ou morale de son être, était donc primitivement ce qu'on appelle en grammaire un nom commun ou appellatif, avant d'être un nom propre, ne convenant qu'à lui seul.

L'histoire confirme cette théorie. Adam signifie *homme de terre;* et si nous traversons, sans nous y arrêter, les siècles qui séparent les temps modernes des premiers jours de la création, nous verrons que la même loi est toujours observée pour désigner un homme.

Chez les Arabes, Zébibeh, le nom de la mère d'Antar, signifie *raisin sec* (1), et, chez les Germains, Marcomir est synonyme de *tuteur du pays*, Hlodowigh (Clovis) de *héros valeureux*. Théoderik signifie *puissant parmi le peuple*, et Hilperik *fort pour le secours*, comme nous l'apprend le poëte Fortunat dans les vers suivants :

> Chilperice potens, si interpres barbarus extet
> Adjutor fortis, hoc quoque nomen habes.
> Non fuit in vanum sic te vocitare parentes,
> Præsagium hoc totum laudis et omen erat.

C'est ce qui a fait dire à l'Allemand Meidinger que « les anciens noms des personnes et des peu-
« ples ont presque généralement une signification
« quelconque qui n'était restée ignorée jusqu'à
« présent que par suite du peu de connaissance
« que l'on avait des idiomes teutons. Ordinaire-
« ment ces noms renfermaient des idées de har-
« diesse, de force, de capacité, de grandeur,

---

(1) Il arrive fréquemment, chez les Arabes, qu'à la naissance d'un enfant on lui donne le nom du premier objet qui se présente aux yeux. Voir, dans l'*Illustration*, le roman d'*Antar*, année 1856, p. 345.

« de générosité, de bonté, de justice, de pru-
« dence, etc. »

La coutume de ne désigner les personnes que par le nom d'une de leurs qualités physiques ou morales dut, dans la suite des temps, devenir un embarras et engendrer la confusion dans les moyens de distinguer les personnes.

Aussi chercha-t-on à remédier à cet inconvénient. Au XIe siècle, ceux qui sont revêtus d'une charge font suivre leur nom du nom de l'endroit qu'ils habitent. C'est ainsi que Frinald de Cassel, Radulphe de Cassel, Gérard de Cassel, et Frumold de Steenvoorde signent une charte de Philippe, comte de Loo, par laquelle ce seigneur déclare fonder et doter un monastère de chanoines réguliers (1).

Des dénominations, quoique formulées de cette dernière manière, ne devaient pas cesser d'entraîner encore avec elles bien de la confusion; car, dans l'acte que nous venons de citer, nous remarquons déjà trois signataires qui se disent de Cassel; il est donc difficile de distinguer l'un d'eux de ses cognominaux de la même localité.

(1) Miræus, t. Ier, p. 270.

Au XII siècle, on voit poindre ce que nous appelons le surnom ou sobriquet. Dans les diplômes de cette époque se lisent des noms tels que ceux-ci : Simon le Roux, *Simon Rufus* (1), Guillaume le Borgne, *Willelmus Cocus* (2), Lambert le Noir, *Lambertus Niger* (3), Reiner le Petit, *Reinerus Parvus* (4), Amand le Roux, *Amandus Rufus* (5), Arnould dit le Juif, *Arnoldus dictus Judaeus* (6), Guillaume Pied-Bleu, *Willelmus Blaevoet* (7). Cependant à cette époque, le fils ne prend et ne porte pas encore le nom de son père. En 1176, un Bertolphe signe une charte : *Bertulphus filius Snellingi* (8); en 1123, *Lambkeinus filius Gotmari* (9); en 1176, *Ingelbertus frater Gotswini de Adenghem* (10). Même en 1220, un moine de Bergues se désigne ainsi : Jean fils de Zacharie (11).

(1) Miræus, charte de 1124, t. Ier, p. 623.
(2) *Ibid.* dipl. de 1186, t. Ier, p. 551.
(3) *Ibid.* dipl. de 1093. t. II, p. 1142.
(4) *Ibid.* id.   id.   id.
(5) *Ibid.* dipl. de 1192, t. II, p. 980.
(6) *Ibid.* dipl. de 1275, t. II, p. 866.
(7) *Ibid.* dipl. de 1176, t. III, p. 55.
(8) *Ibid.* t. III, p. 30.
(9) *Ibid.* t. Ier, p. 374.
(10) *Ibid.* t. Ier, p. 107.
(11) *Ibid.* t. Ier, p. 740.

Ce n'est qu'à partir du xiii**e** siècle que nous voyons le père transmettre son nom à ses enfants. En 1209, 1213 et 1261, nous découvrons des Gautier Boc, Simon Nevekin, Guillaume Block et Gautier Groote (1). Or, les Boc, les Nevekin, les Block, les Groote subsistent encore dans notre Flandre.

On pourrait classer les noms de famille en sept catégories :

La première comprendrait ceux qui désignent une qualité physique ou morale : de Corte (le Cour, le Petit), de Langhe (le Long), de Groote (le Grand), de Swarte (le Noir), de Witte (le Blanc), de Bruyne (le Brun), de Sterck (le Fort), de Milde (le Généreux), etc.

La deuxième comprendrait ceux qui désignent des noms de champs, de plantes, d'arbres, etc. : van de Velde (des Champs, du Champ, des Camps), van de Bergh (du Mont), van de Walle, van der Wallen (de la Motte), van Hove (du Jardin), van den Bosch, van Houte (du Bois), van den Berreboom (du Poirier), van den Koornhuyse (de la

---

(1) Miræus, t. II, p. 843 et 844. — T. I**er**, p. 684.

Grange), van de Putte (du Puits, du Puis), van Dyck (du Fossé, de la Fosse), van der Heyden (de la Bruyère), van den Brouck (du Marais), van de Wynckel (du Hameau, du Hamel), de Hauw, de Hau, Haeu, Hauw (l'Épi), de Roos (la Rose), Bloeme, Blomme (Fleur), etc.

La troisième comprendrait ceux qui désignent un métier : de Smet, de Smit, Schemidt (le Forgeron), de Snyder, Snyders (le Tailleur), de Decker (le Couvreur), de Scipper, de Schipman (le Batelier), de Cuyper (le Tonnelier), de Visscher (le Pêcheur, le Poissonnier), de Backer (le Boulanger), de Messemaker (le Coutelier), de Coussemaker (le Chaussetier), de Handschœwerker, (le Gantier), de Schoemaker (le Cordonnier), de Brauæere (le Brasseur), Timmerman (Charpentier), de Wever (le Tisserand), de Meulenaer (le Meunier), de Bacque (la Nourrice), etc.

La quatrième comprendrait ceux qui se rapportent à des noms de lieux : van Parys (de Paris), van Ghendt (de Gand), van Brabant (de Brabant), van Calis (de Calais), van Vlamertinghe (de Flamertinghe, village près Poperinghe), van Poperinghe (de Poperinghe), van Merris (de Merris, village près

Bailleul), van Bavinchove (de Bavinchove, village près Cassel), van Uxem (d'Uxem, village entre Bergues et Furnes), van Walscappel (de Walloncappelle, village près Hazebrouck), etc.

La cinquième comprendrait ceux qui rappellent quelque dignité des corps et métiers, confréries et églises, corps de magistrats, etc. : de Pape, de Priester (le Prêtre), de Deken (le Doyen), de Conynck (le Roy), de Keyser (l'Empereur), de Grave (le Comte), de Rudder (le Chevalier), de Prinssen (le Prince), de Meyer (le Mayeur), de Koster (le Clerc), Bisschop (l'Évêque), Pastoor (le Pasteur), de Meunynck (le Moine), etc.

La sixième comprendrait ceux qui se rapportent à des noms d'animaux ou d'objets inanimés : de Wulf (le Loup), de Beer (l'Ours), de Hondt, d'Hondt (le Chien), de Vos (le Renard), de Mees (la Mésange), de Vloo (la Puce), de Hert (le Cerf), van den Hoven (du Four), ver Mullen, van der Mullen (du Moulin).

Enfin la septième catégorie comprendrait les noms composés : Hoevenaghels, Houvenaghel (Clou solide), Cleenewerck (Faible, petit travail), Hardevust (Poing solide), Diepooghe (Œil profond), d'Asenberghe (la Colline aux lièvres), Hazebart (Barbe de lièvre), van Bokstael (de l'Étable aux Boucs), etc.

§ II. DE L'ORTHOGRAPHE.

Si telle est l'origine des noms de famille des Flamands, comment faut-il les orthographier ? En d'autres termes, y a-t-il des règles grammaticales à suivre pour écrire ces noms?

Puisque tous les noms propres de famille et de lieu ont été pris parmi les noms communs ou appellatifs, il va de soi qu'il faudra les écrire comme on écrit ces derniers. Seulement, afin de faire une distinction entre eux, la lettre initiale du nom propre sera une majuscule, conformément au principe posé par Beauzée dans l'ENCYCLOPÉDIE MÉTHODIQUE, v° *Initiale* : « L'emploi d'une
« lettre initiale majuscule, dit-il, est d'autant plus
« nécessaire dans ce cas que les noms propres,
« étant pour la plupart appellatifs dans leur ori-
« gine, une *initiale majuscule* lève tout d'un coup
« l'incertitude qu'il pourrait y avoir entre le sens
« appellatif et individuel. »

D'après ce principe, on écrira donc en deux mots, de Brauwere (le Brasseur) et non pas Debrauwere en un seul mot; de Rode (le Rouge) et non pas Derode; de Messemaker (le Coutelier) et non pas Demessemaker; de Coussemaker (le Chaussetier) et non pas Decoussemaker; de Backer (le Boulanger) et non pas Debacker; de Bacque (la Nourrice) et non pas Debacque; de Hau (l'Épi) et non pas Dehau; de Corte (le Court) et non pas Decorte; van Bavinchove et non pas Vanbavinchove; van Parys et non pas Vanparys, etc.

C'est du reste de cette manière que nous avons vu la plupart de ces noms orthographiés dans une charte flamande de 1387; dans des manuscrits du moyen âge, notamment dans le Cartulaire des Guillelmites de Nordpeene; c'est de cette manière que M. le comte de Laborde a copié et écrit quelques-uns d'entre eux dans son bel ouvrage sur les ducs de Bourgogne, parce que c'est ainsi qu'il les a lus dans les nombreuses archives qu'il a feuilletées; et M. Augustin Thierry a parfaitement établi, dans sa lettre à M. Charles Nodier, que les noms propres doivent conserver leur forme primitive (1). Respect donc à cette forme qui nous a été révélée par les manuscrits, qui sont pour les époques reculées les seuls et véritables registres de l'état civil.

C'est d'ailleurs l'orthographe adoptée aujourd'hui par l'Académie des inscriptions et belles-lettres, qui écrit toujours en deux mots les noms propres précédés de l'article : le Duc, le Glay, le Comte, etc.

Si, au contraire, on suit une autre orthographe, si on écrit en un seul mot les noms de famille que nous avons cités plus haut, ce mot ne sera trouvé dans le dictionnaire d'aucune langue ; ces noms resteront inintelligibles et dépourvus de sens. C'est alors qu'il serait vrai de dire que le hasard, le caprice a seul présidé au choix des noms qui désignent les individus, et que ces noms *n'ont pas d'orthographe;* conclusion que repoussent la raison, la logique et l'histoire.

Pourtant, on ne peut le nier, il y eut un temps où une pareille opinion a triomphé. C'était le

---

(1) *Dix ans d'études historiques,* septième édition. Paris, Furnes, 1846, p. 354 : Lettre à M. Charles Nodier sur la restitution des noms germaniques.

temps de la décadence de la langue, où la guerre et les discordes civiles ruinaient et poursuivaient les habitants de notre patrie, où la haine contre la noblesse déversait le ridicule sur ceux dont la forme du nom pouvait faire soupçonner une extraction nobiliaire. Pour parer à cet inconvénient, on se cacha, on changea la manière d'écrire le nom de ses pères, on l'altéra, pour ainsi dire, en réunissant des mots auparavant séparés, on le rendit presque méconnaissable. La philologie recevait un échec et le but qu'on voulait atteindre était dépassé ; car sous ces noms informes et altérés disparaissaient les preuves irrécusables de la vieille organisation sociale de la Flandre.

Mais, dira-t-on, avec cette manière d'écrire les noms propres flamands, il n'y aura plus moyen de distinguer ceux qui sont d'origine nobiliaire de ceux qui ne le sont pas. Nous répondrons d'abord que cette manière d'écrire les noms propres n'est pas nouvelle (ainsi que nous l'avons démontré), qu'elle est au contraire la plus ancienne et par conséquent la plus légitime; ensuite que les lettres de noblesse, qui sont la récompense de services rendus au pays, ne peuvent exercer d'influence sur une question de grammaire et de logique ; enfin qu'il ne faut pas confondre l'article flamand DE avec la particule française *de*. Une personne peut être noble sans que ce petit mot précède son nom, comme les Bayard, les Tayart, les Sanders, les Roelants, les Ramont, les Isque, les Peeters, les Itzweirt, les Lem, les Petit, les Muscart, les Parisis, les Jacobsen, les Baert, etc. De même ceux dont les noms accusent une origine modeste et indiquent que leurs ancêtres ont été de braves artisans, laboureurs, baillis, greffiers ou trésoriers, etc., peuvent avoir leurs noms inscrits soit dans l'*Armorial général* de d'Hozier (1), soit dans le livre des *Recherches des antiquités et noblesse de Flandre* par Philippe de Lespinoy, ou bien dans les généalogies des familles de Flandre, conservées aux archives du département du Nord, ou bien encore sur la liste des chevaliers flamands qui périrent le jour de la bataille des Eperons-d'Or, soit dans une charte du XIV° siècle, etc.

Qu'est-ce que cela prouve? Oh! cela prouve que le désir des distinctions est si naturel, qu'on

---

(1) Voir *Armorial de Flandre* par M. BOREL D'HAUTERIVE. Paris, 1856.

le voit se développer au sein de toutes les civilisations. « Nos premières familles, dit l'auteur d'un article sur les armoiries, publié en 1836 dans la *Revue britannique*, nos premières familles ont pour auteurs un drapier du douzième siècle, un orfévre du onzième, qui, orgueilleux d'une fortune due à leur persévérance et à leur industrie, ont légué à leurs neveux, avec le fruit d'un travail pénible, les armoiries et les titres qui en consacrent le souvenir. A New-York, j'admirais naguère l'équipage d'un marchand boucher, aujourd'hui millionnaire, et qui a fait peindre en or, sur sa calèche, une hache au naturel en champ de gueules, c'est-à-dire sur un fond rouge. Les radicaux de Londres comptent dans leurs rangs quelques tailleurs, grands propriétaires, qui ne vont jamais se promener au Parc sans être suivis de leurs valets jaune et argent. Tendance puérile en apparence, mais qui entretient l'énergie du corps social. Elle recrute les rangs de l'aristocratie à mesure que cette dernière s'épuise. Un mouvement d'ascension perpétuelle porte les classes inférieures vers les sommités de la civilisation, et favorise dans tous les rangs un déploiement de forces actives. Le besoin de supériorité, inhérent à l'aristocratie, détermine une impulsion ascendante et noble qui fait jaillir de l'obscurité les talents enfouis, stimule l'industrie et prévient l'énervement des races. La masse entière, qui partage ce que l'on appelle le préjugé aristocratique, ne cesse point de fournir son contingent. On voit éclore peu à peu des familles nouvelles et puissantes, qui ont pour fondateurs les membres les plus actifs, les plus industrieux, les plus entreprenants des races plébéiennes. »

§ III. DES REGISTRES DE L'ÉTAT CIVIL.

Une des causes qui ont le plus contribué à l'altération des noms de famille a été la mauvaise tenue des registres qui servaient à l'inscription des actes de baptême, de mariage et de décès des fidèles. Dans le principe, ces registres n'étaient pas obligatoires, et les curés n'y inscrivaient les actes auxquels ils procédaient qu'à titre de renseignements. Les premières communes flamandes de France qui en aient été dotées sont Watten en 1497, Berthen et Holque en 1540, Hondeghem

en 1570, et Haverskerque en 1571 (1). Le premier document législatif qui ait rendu ces registres obligatoires dans notre pays flamand est le statut synodial du diocèse d'Ypres, promulgué en 1577 par l'évêque Don Martin Rythove. (Une partie des arrondissements de Dunkerque et d'Hazebrouck était alors soumise à la juridiction de ce prélat.) A cette époque le synode se plaignait déjà des nombreuses irrégularités de ces registres : « Cumque
« plures sint pastores, est-il dit au chap. II du
« titre IX des Statuts, qui negligentem curam ha-
« beant aquæ et fontis baptismalis, registrum item
« baptizatorum servent incorrectum, aut suis cus-
« todibus, sæpe rudibus, ignaris et negligentibus,
« committant; caveant sibi deinceps et fontes
« baptismales sub clausura nitidos et mundos ha-
« beant. » On lit au ch. III des mêmes Statuts :

« Registrum vero baptizatorum penes se ser-
« vent; et si rudiores in scriptura, aliena manu
« et correcta utantur : alias delinquentes gravis-
« sime puniendi. »

(1) Voir *Bulletin de la Commission historique du Nord*, t. IV, p. 122, Notice de M. LE GLAY sur la tenue des registres de l'état civil.

Lorsqu'une autre partie de nos deux arrondissements fut enclavée dans le diocèse de Cambrai, les choses ne s'étaient pas améliorées, et il fallut que Mgr de Saint-Albin, archevêque de Cambrai, renouvelât, le 24 mars 1763, les plaintes du synode d'Ypres : « Ex extractis librorum baptis-
« morum, quæ quotidie ad manus nostras perve-
« niunt, patet quosdam inter parochos negligen-
« tissimos esse in conscribendis actis hujusmodi.
« Nomina commutant alii, alii orthographiam non
« curant; addunt illi redundantia, necessaria omit-
« tunt illi. Certe hi omnes ignorant ad quid utilia
« sint hæc acta; aut, si noscunt, familias litibus
« perturbare conantur, parant seruntque ex in-
« dustria discordias; ex certo incertum et dubium
« reddunt statum parochianorum suorum. »

Ainsi, même à la fin du xviiie siècle, les noms des personnes étaient encore dénaturés, l'orthographe en était corrompue. Nous-même, en faisant des recherches sur le nom que nous portons, nous l'avons vu dans les registres ecclésiastiques écrit de plusieurs manières différentes; nous avons vu d'autres noms, des noms français, traduits en flamand, et des noms flamands traduits en français.

Ainsi nous avons lu DE BOO pour *du Bois*, LE LOUP pour *de Wulf*, DU JARDIN pour *van Hove*, etc.

Comme l'a fait remarquer Mgr de Saint-Albin, de telles négligences durent faire naître un grand nombre de procès et engendrer le trouble dans les familles. Aussi l'archiduchesse Isabelle cherchat-elle à obvier à ce désordre, en insérant dans son édit perpétuel du 12 juillet 1611 l'article 20 conçu en ces termes :

« Et comme souvantes fois surviennent des dif-
« ficultez sur la preuve de l'âge, temps de mariage
« et trespas des personnes, soit pour promotion
« aux ordres sacrés, provision de benefices, ou
« estats seculiers, restitution en entier, ou autres
« cas semblables, avons ordonnez et ordonnons
« aux eschevins et autres gens de loy, tant des
« villes que des villages, que par chascun an ils
« lievent doubles auctenticques des registres des
« baptêmes, mariages et sépultures que chascun
« curé desdits lieux aura tenu de ceux advenus
« en sa paroiche, durant ledict an, que ledict
« curé sera tenu leur administrer et que d'iceux
« ils en facent seure garde en leurs archives;
« veuillons, en outre, que les gens de loy des vil-

« lages facent faire un double deuxiesme desdicts
« registres, et les envoyent au greffie des villes,
« bailliages, chastellenies, gouvernances, et autres
« sièges supérieurs de leur ressort, pour y etre
« conservé, le tout à peine arbitraire, contre ceux
« qui en seront défaillans. Si ordonnons qu'aus-
« dits registres, et doubles d'iceux, ainsi levez,
« et gardez, soit adiousté plaine foy, sans que be-
« soin aux parties d'en faire autre preuve. »

On voit par ce document que le pouvoir attribué à l'autorité civile et judiciaire de surveiller la tenue des registres de l'état civil des personnes, remonte à l'archiduchesse Isabelle.

FIN.

Evreux, A. HÉRISSEY, imp. — 559.

www.ingramcontent.com/pod-product-compliance
Lightning Source LLC
LaVergne TN
LVHW051508090426
835512LV00010B/2416